A B C
Musical

Princípios de Música Prática   ou
Elementos de Escrituração Musical

Rafael Coelho Machado

Revisão: Radamés Mosca

Nº Cat.: 24-M

Irmãos Vitale S.A. Indústria e Comércio
www.vitale.com.br
Rua França Pinto, 42   Vila Mariana   São Paulo   SP
CEP: 04016-000 Tel.: 11 5081-9499 Fax: 11 5574-7388

© Copyright 1941 by Irmãos Vitale S.A. Ind. e Com. - São Paulo - Brasil
Todos os direitos autorais reservados para todos os países. *All rights reserved.*

Dados Internacionais de Catalogação na Publicação (CIP)
(Câmara Brasileira do Livro, SP, Brasil)

Machado, Rafael Coelho
   ABC musical / Rafael Coelho Machado ; revisão de Radamés Mosca. -- São Paulo : Irmãos Vitale

   "Contendo princípios de música prática ou elementos de escrituração musical"

   1. Música 2. Música - Estudo e ensino I. Mosca, Radamés. II Título.

ISBN 85-85188-92-8
ISBN 978-85-85188-92-4

97-3839   CDD-780.7

Indices para catálogo sistemático:

   1. Música : Estudo e ensino   780.7

Elementos de Escrituração Musical.

A MÚSICA é a arte de manifestar os diversos afetos da nossa alma mediante o som.

Divide-se em três partes: MELODIA, HARMONIA e RITMO.

MELODIA é a combinação de sons sucessivos (dados uns após outros).

HARMONIA, a combinação de sons simultâneos (dados de uma só vez: um acorde).

RITMO, a combinação dos valores.

Representa-se a música sobre uma *Pauta* composta de cinco *Linhas* e quatro *Espaços;* estas *Linhas* e *Espaços* da pauta chamam-se *Naturais* e contam-se da parte inferior para a parte superior.

LINHAS E ESPAÇOS NATURAIS.

```
5.ª . . . ─────────────────────
4.ª . . . ─────────────────────  4.º . . .
3.ª . . . ─────────────────────  3.º . . .
2.ª . . . ─────────────────────  2.º . . .
1.ª Linha ─────────────────────  1.º Espaço
```

Adicionam-se acidentalmente a esta pauta pequenas linhas e espaços, superior e inferiormente, e que se contam partindo da pauta.

Linhas e Espaços Suplementares Superiores.

Linhas e Espaços Suplementares Inferiores.

Sobre estas linhas e espaços se assentam as *Notas*.

Os nomes das notas ao subir são: DÓ, RÉ, MI, FA, SOL, LA, SI.

E ao descer: SI, LA, SOL, FA, MI, RÉ, DÓ.

As claves são sete, representadas por três figuras: de DÓ  - de SOL 𝄞 - e de FA 𝄢 ; as mais usadas, porém, são as duas últimas.

Cada clave dá o seu nome à nota que se assina sobre a mesma linha, e, consequentemente, determina os nomes de todas as notas que se assentam sobre as outras linhas e espaços.

ESTUDO DOS NOMES DAS LINHAS E ESPAÇOS.
EM TODAS AS CLAVES.

A clave de *Sol* assina-se na 2.ª linha.

A clave de *Fa* assina-se na 4.ª linha.

A clave de *Dó* assina-se na 1.ª, 2.ª, 3.ª, e 4.ª linhas; pelos exemplos acima é fácil conhecer o sistema de ler as claves. que consiste em dar sempre o nome da clave à linha em que ela se acha, e daí seguir a ordem natural tanto ao subir como ao descer.

A clave de *Sol* serve para canto e instrumentos agudos (2.ª linha).

A clave de *Fa* serve para canto e instrumentos graves (3.ª e 4.ª linhas).

A clave de *Dó* na 1.ª linha para sopranos; na 2.ª para os meios sopranos; na 3.ª para os contraltos e na 4.ª para os tenores.

O COMPASSO É DE TRÊS FORMAS.

QUATERNÁRIO, com quatro tempos; TERNÁRIO, com três, e BINÁRIO, com dois.

A mão ou o pé marca estes tempos, com os seguintes movimentos:

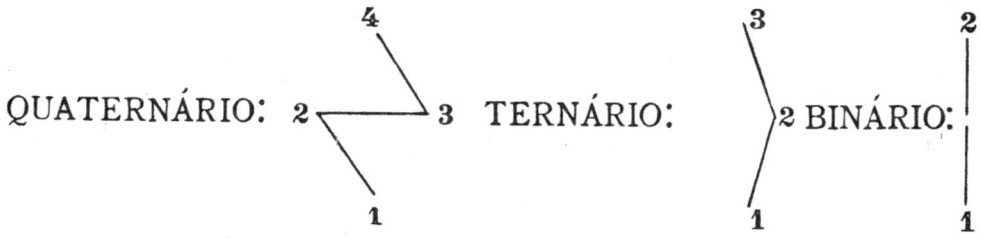

Preenchem-se estes tempos com notas ou pausas.

VALOR DAS NOTAS.

| NOTAS. | Semibreve. | Mínima. | Semínima. | Colcheia. | Semicolcheia. | Fusa. | Semifusa. |

As notas servem para exprimir os sons, e as pausas para determinar os silêncios correspondentes.

Entende-se por valor o tempo que deve durar o som, ou a pausa, pois que *o som é um valor positivo* e *a pausa é um valor negativo*.

Cada nota ou pausa vale metade da sua antecedente ou o dobro proporcional da seguinte, assim:

A semibreve vale 4 tempos, a mínima 2, a semínima 1.

A colcheia vale meio tempo, e a semicolcheia um quarto de tempo.

A fusa vale um oitavo, e a semifusa um decimo sexto de tempo.

VALOR COMPARATIVO

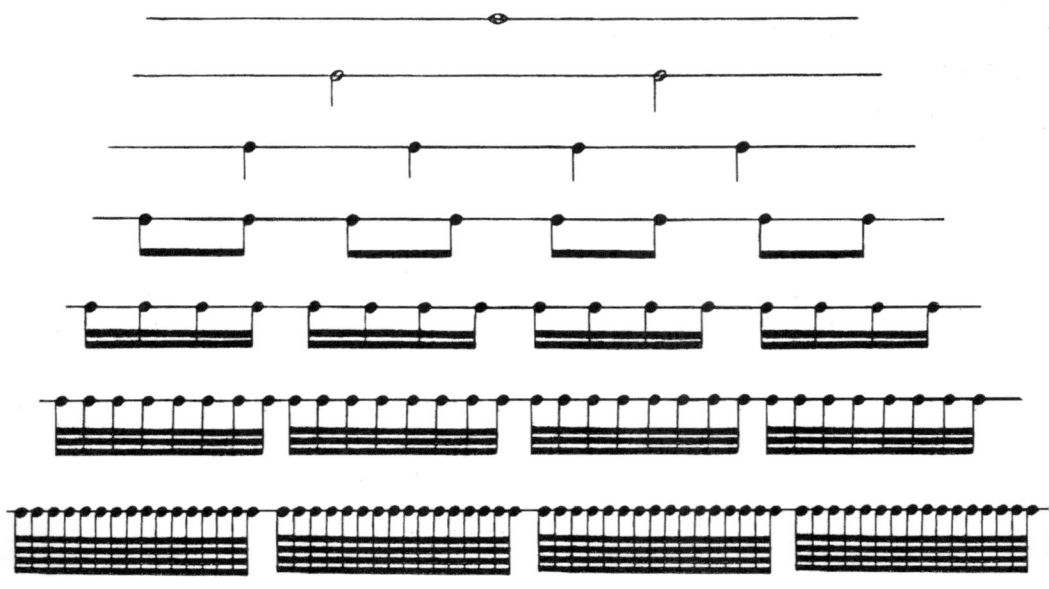

Deduz-se, evidentemente, do exemplo acima, que uma semibreve vale 2 mínimas, 4 semínimas, 8 colcheias, etc.

Uma mínima vale 2 semínimas, 4 colcheias, 8 semicolcheias, etc.

Uma semínima vale 2 colcheias, 4 semicolcheias, 8 fusas, etc.

Com estas notas e suas pausas se preenchem os compassos divididos por pequenas linhas perpendiculares, chamadas BARRAS DE COMPASSO.

A qualidade do compasso indica-se no princípio da peça da forma seguinte:

O compasso quaternário, com este sinal C ou simplesmente 4; o ternário por $\frac{3}{4}$ ou somente 3, e o binário $\frac{2}{4}$ ou 2. O quaternário composto indica-se por $\frac{12}{8}$, o ternário da mesma espécie por $\frac{9}{8}$, e finalmente, o binário por $\frac{6}{8}$.

O número superior designa a *quantidade* de notas que preenche o compasso, e o inferior indica a *qualidade* dessas notas. Comparativamente aos valores, o C ou $\frac{4}{4}$, quer dizer quatro quartos do compasso ordinário, isto é, quatro semínimas ou valores equivalentes; $\frac{6}{8}$ quer dizer: seis oitavos do compasso ordinário, isto é, seis colcheias ou valores equivalentes.

EXEMPLO:

Um PONTO junto a uma nota aumenta, à mesma, metade do seu valor. Assim, uma mínima pontuada valerá três tempos, a semínima pontuada tempo e meio, a colcheia pontuada três quartos.

EXEMPLO:

Havendo dois pontos o 2.º aumenta metade do valor do 1.º

SÍNCOPAS, são notas fracas que se encontram com as fortes do compasso, formando uma espécie de ligação entre si.

EXEMPLO:

QUIÁLTERAS, são notas que aparecem em maior número do que deviam, como três colcheias em vez de duas, ou cinco semicolcheias em vez de quatro, as quais se executam ao mesmo tempo em que se dariam as duas ou as quatro da mesma espécie.

Estas exceções são sempre notadas com o algarismo que indica o seu número e espécie.

EXEMPLO:

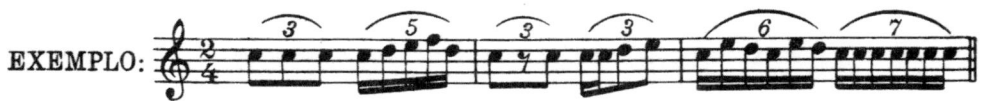

Ligadura, serve para ligar e unir os sons; quando se acha sobre duas notas do mesmo nome, faz delas uma só, unindo-as.

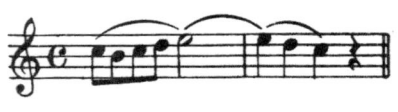

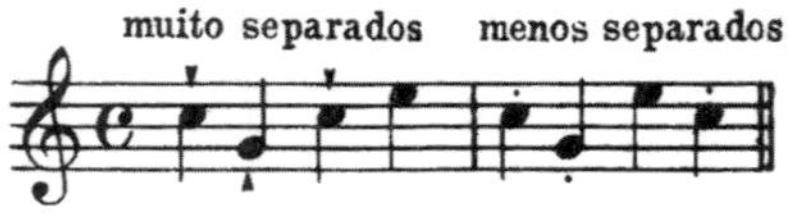

Staccato, serve para separar os sons, produzindo o inverso da ligadura.

Suspensão ou *Fermata*, serve para fazer sustar um pouco o movimento do compasso na nota ou pausa em que se coloca.

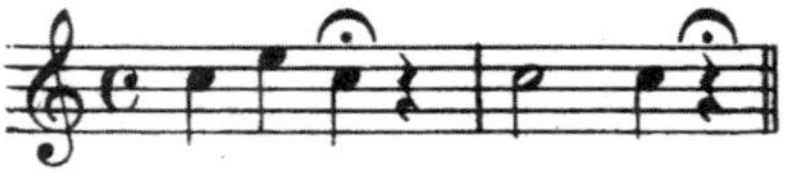

DOS ORNAMENTOS E SUAS ABREVIATURAS.

ORNAMENTOS são pequenas notas que servem para adornar as grandes. Dividem-se em *Appoggiaturas*, *Mordentes* e *Grupêtos*. O seu valor é tirado das notas reais.

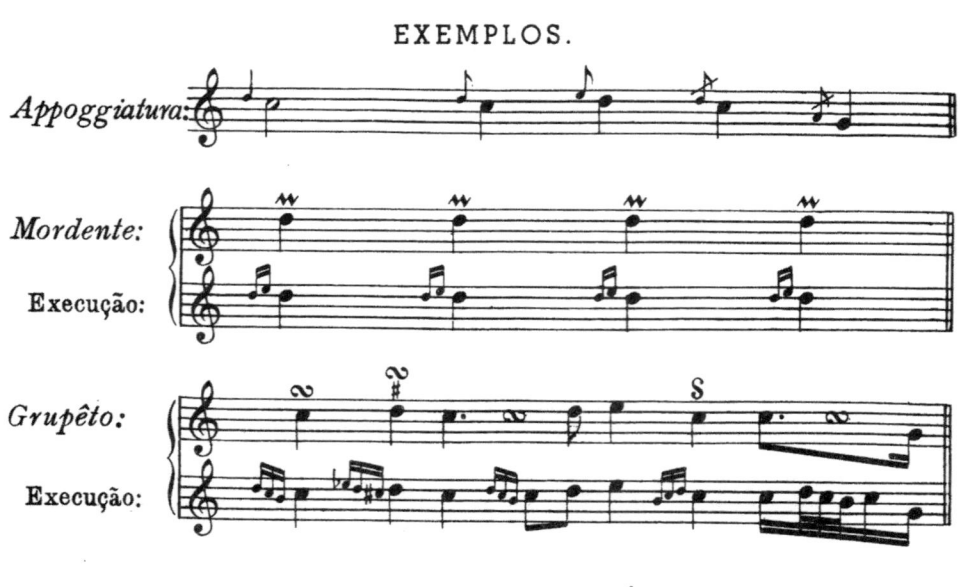

EXEMPLOS.

Appoggiatura:

Mordente:

Execução:

Grupêto:

Execução:

Trillo ou *Trinado*. É um movimento que a voz ou instrumento produz, ligando um som expresso ao imediato superior ou inferior.

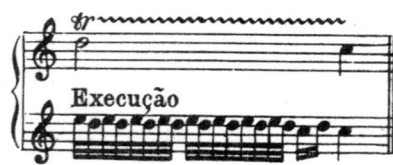

ACIDENTES

Os sons podem ser elevados ou abaixados por meio de acidentes. Contam-se cinco:

SUSTENIDO, que faz elevar a nota meio grau . . . . ♯
BEMOL, que faz abaixar a nota meio grau . . . . ♭
DOBRADO SUSTENIDO, que faz elevar mais meio grau ×
DOBRADO BEMOL, que faz abaixar mais meio grau . . ♭♭
BEQUADRO, que restitui à nota o seu estado primitivo . ♮

Os acidentes junto à clave alteram em todo o decurso da peça as notas do mesmo nome, mas, ocorrendo no meio da composição, dominam somente o compasso em que estão.

Quando a última nota de um compasso tem algum acidente, e a nota do compasso seguinte é do mesmo nome, e está ligado com a anterior aquele acidente servirá também para esta unicamente.

OS ACIDENTES JUNTO Á CLAVE ASSINAM-SE:

SUSTENIDOS	BEMÓIS
1º . . . . . em . . . . . Fa	1º . . . . . em . . . . . Si
2º . . . . . " . . . . . Dó	2º . . . . . " . . . . . Mi
3º . . . . . " . . . . . Sol	3º . . . . . " . . . . . La
4º . . . . . " . . . . . Re	4º . . . . . " . . . . . Re
5º . . . . . " . . . . . La	5º . . . . . " . . . . . Sol
6º . . . . . " . . . . . Mi	6º . . . . . " . . . . . Dó
7º . . . . . " . . . . . Si	7º . . . . . " . . . . . Fa

ESCALAS

Escala é uma sucessão ascendente e descendente de oito notas que pode ser reproduzida quase infinitamente (tanto subindo como descendo).

Estas notas se denominam: 1.ª do tom, 2.ª, 3.ª, 4.ª, 5.ª, 6.ª, 7.ª, 8.ª, ou: Tônica, Supertônica, Mediante, Subdominante, Dominante, Superdominante, Sensível e Repetição da Tônica.

A escala tem três formas: MAIOR, com a sua terceira MAIOR; MENOR, com a sua terceira MENOR, e SEMITONADA.

A escala maior compõe-se de cinco tons e dois semitonos.

EXEMPLO:

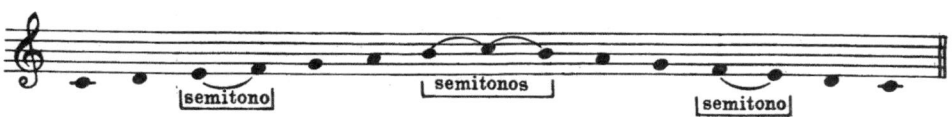

A escala menor, quando sobe, tem a sua 6.ª e 7.ª notas elevadas com meio grau, e quando desce, tem as mesmas notas naturais.

EXEMPLO:

A escala semitonada é composta de meios graus.

EXEMPLO:
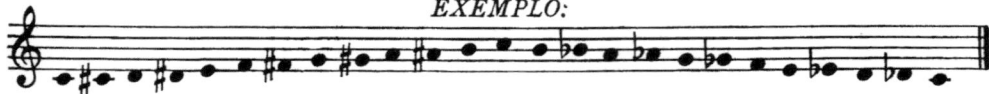

TONS.

Chama-se Tom à nota fundamental em que se estabelece qualquer composição. Esta nota é sempre a primeira da escala.

A nota fundamental dos *Tons maiores* acha-se logo acima do último sustenido ou uma quarta abaixo do último bemol.

Os tons podem também conhecer-se pelo número de acidentes junto à clave.

TONS MAIS USADOS.

A clave sem acidente é tom de *Dó.*	Um bemol é tom de *Fa.*
Tendo um sustenido » » » *Sol.*	Dois bemóis » » » *Si bemol.*
» dois sustenidos » » » *Re.*	Três » » » » *Mi-bemol.*
» três » » » » *La.*	Quatro » » » » *La-bemol.*
» quatro » » » » *Mi.*	Cinco » » » » *Re-bemol.*
» cinco » » » » *Si.*	Seis » » » » *Sol-bemol.*
» seis » » » » *Fa* ♯	

O tom tem dois modos: MAIOR e MENOR; a 1.ª nota do tom menor acha-se uma 3.ª abaixo da 1.ª nota do tom maior, ou seja, uma nota abaixo do último sustenido da clave ou uma 3.ª acima do último bemol.

Cada semitono da escala cromática oferece base para uma nova escala em grau mais elevado, resultando desta sequência a soma de 12 tons maiores; e como cada tom maior tem o seu relativo menor, segue-se que os tons possiveis na música moderna são 24: doze maiores e doze menores.

Veja-se no seguinte mapa (*pag.* 10 *e* 11) a forma da escala diatônica em todos os tons, os intervalos de que se compõem, tanto em relação melódica como harmônica, e observe-se que nos tons menores o número de acidentes junto à clave é o mesmo dos tons maiores.

Não se formam tons maiores em *Dó* ♯, *Re* ♯, *Fa* ♯ e *Sol* ♯, porque são para o ouvido idênticos à *Re* ♭, *Mi* ♭, *Sol* ♭ e *La* ♭; preferindo-se os últimos por contarem menos acidentes junto à clave e oferecerem por isso mais facilidade na execução instrumental.

INTERVALO é a distância que há de um à outro som; os mais usados e necessários ao solfejo são os seguintes, ficando ao mestre o cuidado de desenvolver os restantes.

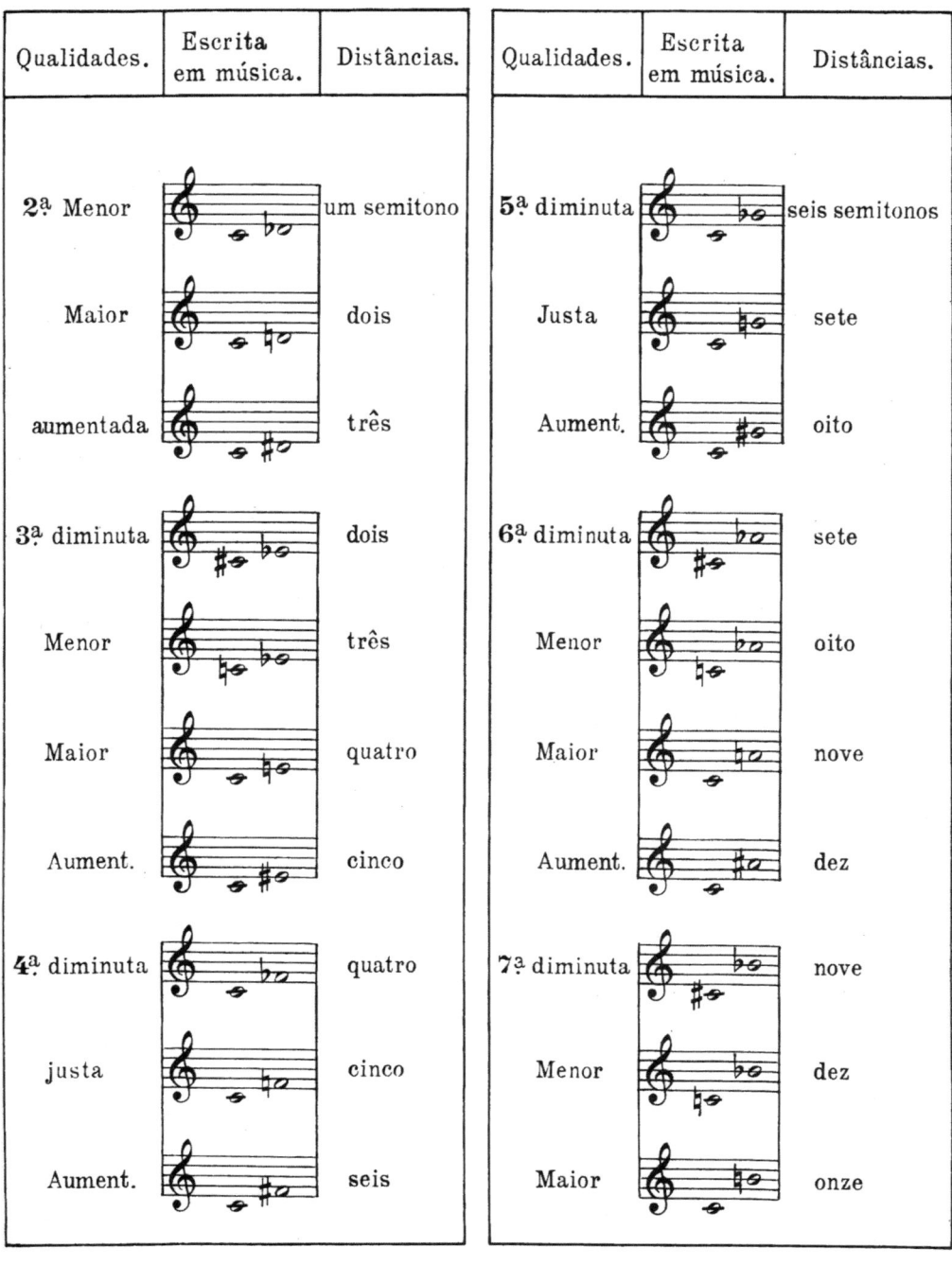

Este exemplo deve ser passado em todos os tons.

ESCALAS E INTERVALOS

DOS TONS MAIS USADOS.

TONS MAIORES.

TONS MENORES

RELATIVOS

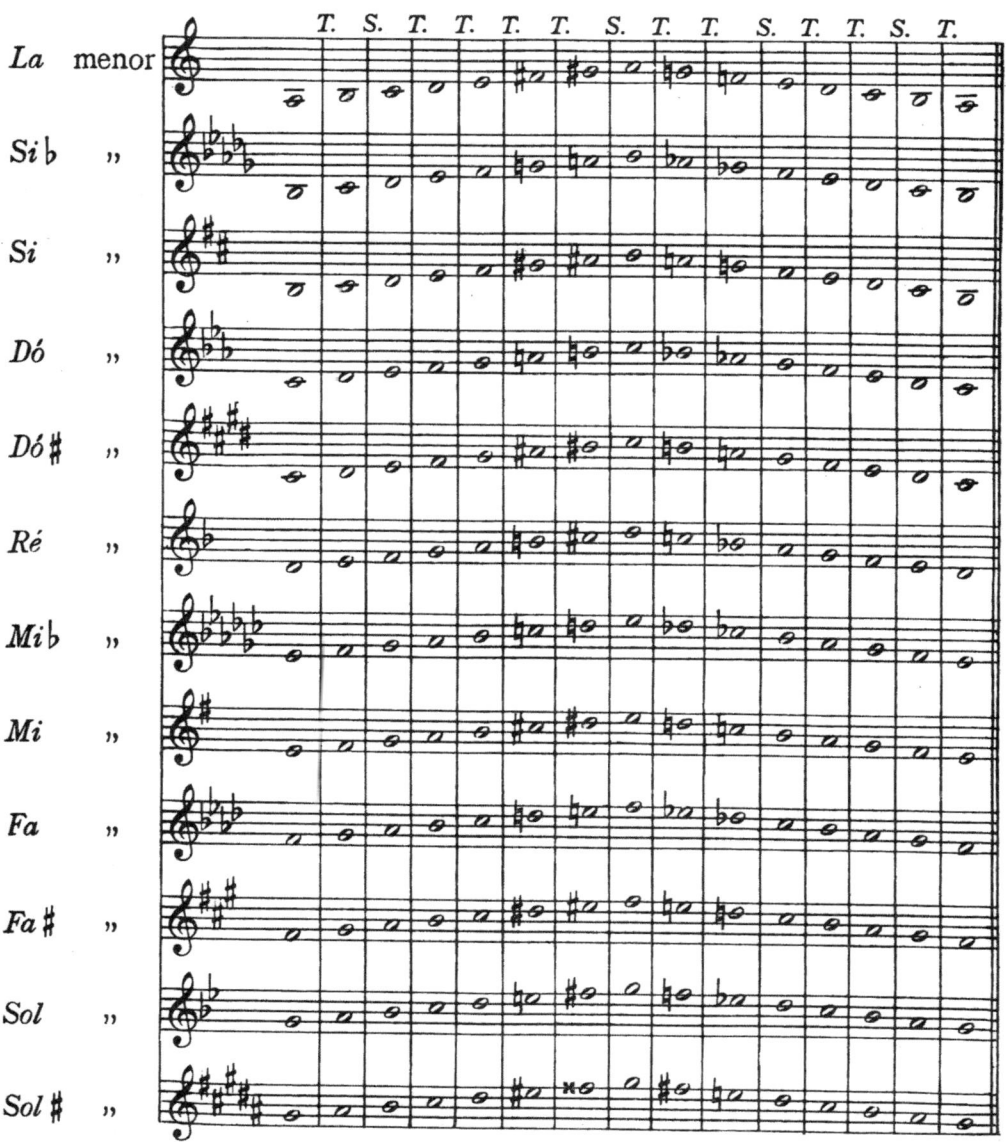

Os que desejarem aprofundar-se na teoria dos intervalos e no uso harmônico que deles se faz, devem consultar o meu *Tratado de Harmonia*, onde esta matéria é clara e minuciosamente desenvolvida, sendo certo que sem este estudo essencialíssimo não há perfeito conhecimento da música.

ABREVIATURAS

Abreviaturas são certos sinais e palavras usadas na música para evitar a escrituração de compassos ou passagens semelhantes. *Travessão* serve para fazer repetir as passagens antecedentes e também para cortar uma nota produzindo o seu valor em notas de repique.

O termo *Simile* ou *Segue* junto a uma harmonia, indica repetição exata das precedentes (acorde quebrado).

A palavra *Arpeggio* junto a um acorde, designa execução arpejada, não saindo nunca dos sons expressos.

Os silêncios de dois ou mais compassos indicam-se por algarismos postos sobre um travessão assim:

Este sinal 8^{a}----- que se assina quase sempre superiormente a um determinado número de notas, serve para as transportar uma oitava mais alta até encontrar-se o termo *Lóco*, ou o rastilho interrompido.

Este outro *con 8^a*, ou *col 8^a*, que é mais frequente nas músicas de piano, indica execução das notas em oitava.

EXEMPLOS:

PAUSA FINAL são duas linhas unidas, uma fina e outra grossa, que indicam o fim da composição. Muitas vezes dividem a peça em duas partes e fazem repetir uma dessas partes ou ambas, por meio de dois pontos que se lhes colocam ao lado (*barra final* ou *de repetição*).

Bis indica repetição de um ou mais compassos.

Reclamo ℅ designa repetição da música deste a outro sinal semelhante.

EXEMPLOS:

MOVIMENTOS OU ANDAMENTOS

Chama-se Andamento ou Movimento o grau de velocidade do compasso. Ele é determinado no princípio da peça e algumas vezes no decurso da mesma.

Largo, grave, lento, são os movimentos mais vagarosos, e que exigem um estilo largo e severo.

Larghetto — Menos lento que os antecedentes.

Adagio — Menos lento que o *Larghetto;* sua expressão deve ser terna e patética.

Andante — Menos lento que o *Adagio;* sua expressão é mais amável e elegante.

Andantino — Um pouco mais ligeiro que o *Andante;* execução agradável e compassada.

Allegretto — Um pouco mais ligeiro que o precedente.

Allegro — Movimento alegre e vivo.

Vivace — Com maior rapidez que o *Allegro.*

Presto — Mais vivo que o precedente; exige uma execução veloz e animada.

Prestissimo — É o último grau de velocidade. Deve-se empregar na execução toda a rapidez e presteza possíveis.

PALAVRAS QUE INDICAM A EXPRESSÃO.

AMOROSO — Indica uma expressão terna, movimento um pouco lento, porém, gracioso.

AFFETTUOSO — Expressão dócil e melancólica.

CANTABILE — Execução pura, com gosto, alma e simplicidade.

GRAZIOSO — Expressão graciosa, elegante e não precipitada.

LAMENTABILE — Emprega-se nos movimentos lentos e sua expressão é triste.

MODERATO — Serve para reprimir a vivacidade do *Allegro*.

MAESTOSO MARZIALE — Execução majestosa e sublime.

AGITATO — Execução agitada; sua expressão indica paixão, perturbação, desespero.

BRIOSO ou CON BRIO — Deve-se executar com força e vivacidade.

CON MOTO ou CON FUOCO — Com mais movimento e calor.

CON ESPRESSIONE ou ESPRESSIVO — Com expressão e sensibilidade.

SOSTENUTO — Exprime-se conservando sempre o caráter da música e sustentando bem todos os tempos.

SCHERZANDO — Execução jocosa, como quem brinca, *etc*.

TEMPO DI MINUETO — Movimento igual ao *Andante;* execução brilhante e espirituosa.

CON ANIMA — Com alma e sensibilidade, dando à todas as notas a expressão necessária.

MESTO ou FLEBILE — Triste, lamentável.

RISOLUTO — Execução impetuosa e forte.

Modificações do Movimento e da Intensidade.

ABREVIATURAS.	PALAVRAS CORRESPONDENTES.	SIGNIFICAÇÃO.
Mez. voc.	*Mezza voce*	
Mez. fr.	*Mezzo forte*	
Sotto. voc.	*Sotto voce*	Com suavidade e doçura.
Dol.	*Dolce*	
p	*Piano*	
Cal.	*Calando*	
Dim.	*Diminuendo*	
Mor.	*Morendo*	Diminuindo o som.
Decresc.	*Decrescendo*	
Smorz.	*Smorzando*	
Cresc.	*Crescendo*	Aumentando o som.
Rinf.	*Rinforzando*	
Manc.	*Mancando*	Desfalecendo o som e o compasso.
Perd.	*Perdendosi*	
Rall.	*Rallentando*	Retardando o compasso.
Rit.	*Ritenuto*	
Accel.	*Accelerando*	Accelerando o compasso.
String.	*Stringendo*	
Ad lib.	*Ad libitum*	A vontade.
A piac.	*A piacere*	
f	*Forte*	
$f\!f$	*Fortissimo*	
$s\!f\!z$	*Sforzando*	Reforçando.
pp	*Pianissimo*	Com muita suavidade.
Ten.	*Tenuto*	Prendendo a nota.
Non. tropp.	*Non troppo*	Não muito.
D. C.	*Da Capo*	Tornar ao princípio.
V. S.	*Volti subito*	Voltar a folha.
Molto *ou* Assai		Muito.
Comodo		Comodamente.
Piú		Mais.
Legato		Ligado.

Correspondência Uníssona das Claves.

Conquanto escrevam os modernos na clave de *sol* os sopranos e tenores, na clave de *fa* os barítonos e baixos, é contudo indispensável o conhecimento de todas as claves aos que se adiantam na prática da música, por mais de uma razão, sendo, a principal, o jogo da transposição.